BEI GRIN MACHT SICH IHR WISSEN BEZAHLT

Business Intelligence (BI) Beratungsprojekt für BioFood

Holger Walbert

Bibliografische Information der Deutschen Nationalbibliothek:

Die Deutsche Nationalbibliothek verzeichnet diese Publikation in der Deutschen Nationalbibliografie; detaillierte bibliografische Daten sind im Internet über http://dnb.d-nb.de abrufbar.

ISBN: 9783346701121
Dieses Buch ist auch als E-Book erhältlich.

Druck und Bindung: Books on Demand GmbH, Norderstedt Germany
Gedruckt auf säurefreiem Papier aus verantwortungsvollen Quellen

Das vorliegende Werk wurde sorgfältig erarbeitet. Dennoch übernehmen Autoren und Verlag für die Richtigkeit von Angaben, Hinweisen, Links und Ratschlägen sowie eventuelle Druckfehler keine Haftung.

Das Buch bei GRIN: https://www.grin.com/document/1262491

„BIOFOOD"

FALLSTUDIE

im Modul

„DLMIWBI01 – Business Intelligence"

Master in Wirtschaftsinformatik

Inhaltsverzeichnis

1 Einleitung

Diese Einleitung gibt einen ersten kurzen Überblick, über das in der Fallstudie beauftragte Beratungsprojekt. Es wird kurz auf die Beteiligten des BI-Projekts eingegangen. Anschließend wird ein Umriss des Auftrages des Auftraggebers skizziert und abschließend noch die Aufgabenstellung und die Beschreibung der Fallstudie erläutert.

1.1 Auftragnehmer und -geber des Beratungsprojektes

Als Ausgangslage für diese Arbeit liegen folgende Daten vor: Die Firma, für die ich seit meinem Abschluss als Consultant tätig bin, ist eine auf die Beratung von Handelsunternehmen spezialisierte Unternehmensberatung im Bereich von Business Intelligence (BI).

Der Auftraggeber, welcher das Beratungsprojekt in Auftrag gegeben hat, ist das mittelständische Handelsunternehmen „BioFood".

1.2 Beschreibung des Auftrages durch den Auftraggeber

Die Unternehmensberatung wurde, und im speziellen ich, für ein Beratungsprojekt für die Planung eines zukunftsfähigen BI-Systems beauftragt. Als Resultat diese Projektes, soll für den Auftraggeber ein zukunftsweisendes BI-System zur Ermittlung entsprechender Wettbewerbsvorteile durch Informationsvorsprung kreiert werden. Es schwebt ihm vor, durch z.B. Data Mining die Sortimentsgestaltung zu optimieren. Ebenso soll auch ein CRM implementiert werden, welches spezielle Kundengruppen durch personalisierte Werbung ansprechen soll.

Das Beratungsprojekt soll dem Auftraggeber diesbezüglich Aufschluss über die Möglichkeiten geben, die er durch unsere Unternehmensberatung aufgezeigt bekommt.

1.3 Aufgabenstellung und Beschreibung der Fallstudie

In IT-Projekten gibt, es ebenso wie in anderen Projekten, Vorgehensmodelle und diese legen die Reihenfolge der Projektaktivitäten fest. Im IT-Sektor existieren mehrere dieser Modelle, die sich für die Durchführung von IT-Projekten eignen. Der Projektleiter hat dabei die Aufgabe, das geeignetste Vorgehensmodell, welches der Situation am ehesten entspricht, auszuwählen und dieses für die Durchführung zu priorisieren.

Diese Vorgehensmodelle können auch hier für die erfolgreiche Umsetzung eines BI-Projektes, als Grundlage genommen werden. Es bestehen Ähnlichkeiten zu anderen Anwendungs- und Informationssystemen beim Vorgehen der Projekte. Für Business Intelligence Projekte gilt jedoch, den Fokus auf deren Besonderheiten zu lenken. Hier ist es erfolgsentscheiden, auf welches Vorgehensmodell die Auswahl fällt, dies wurde durch Studien in der Vergangenheit belegt.

Die Auswahl, des für die in der Projektausgangslage beschriebenen BI-Projektes, bedarf jedoch einer kritischen Auseinandersetzung, da dies im Vorfeld genau durchdacht werden muss. Diese Auseinandersetzung wird im Folgenden stattfinden.

2 Allgemeine Beschreibung von BI-/IT-Projekten

Das Vorgehensmodell, welches sich im Fall von BioFood am besten eignet, soll in den nächsten Abschnitten differenziert betrachtet werden.

2.1 Identifikation von Vorgehensmodellen in der IT

Wie bereits erwähnt, gibt es mehrere Modelle, anhand derer ein Projekt, hier speziell ein BI-Projekt, durchgeführt werden kann. Mit einer Auswahl der möglichen Projekte für ein BI-System für BioFood, wird sich in den nachfolgenden Ausführungen beschäftigt.

2.1.1 Inkrementelles und iteratives Vorgehensmodell

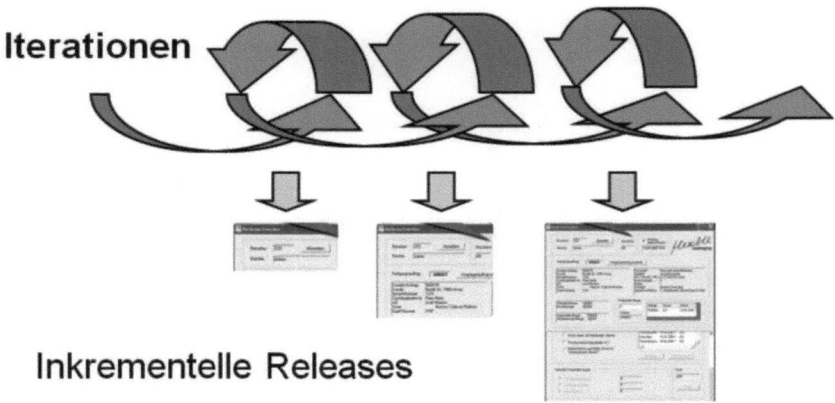

Abbildung 1 Iterationen

Als erste Beispiele sollen hier, das inkrementelle und iterative Vorgehensmodell für die Umsetzung eines BI-Projektes, analysiert werden. Sie gehören den agiler Vorgehensmodellen an, welche im Gegensatz zu den konventionellen Modellen, als leichtgewichtig bezeichnet werden.

Das Arbeiten mit einem iterativen Prozess bedeutet, dass schrittweise Verbesserungen der Software durchgeführt werden. Inkrementell wird ein Prozess bezeichnet, wenn die Softwareteile in Einzelteilen entwickelt und geliefert werden. Dies wird in Abbildung 1 dargestellt.

Hier kann als ein Beispiel Scrum genannt werden, es ist ein inkrementelles wie auch iteratives Vorgehensmodell. (vgl. Agile Academy, (2021)).

Einerseits iterativ, da Arbeiten einer Iteration mit der nächsten verbessert werden sollte und inkrementell, da einzelne Arbeiten während des Prozesses fertiggestellt und geliefert werden.

Alleine wäre die inkrementelle und die iterative Methode nicht zielführend, jedoch kombiniert in Scrum sehr effektiv. Somit kann eine dead-on-delivery vermieden werden, stattdessen findet ein continuous delivery statt (vgl. IU Internationale Hochschule, (2021), S. 32). In der folgenden Abbildung wird Scrum als Prozess dargestellt. Dieser gliedert sich in die Punkte, Produkt Backlog, die Auflistung der Prioritäten, danach folgt die Planung der Aufgaben des Teams, welche erfahrungsgestützt aus vorherigen Projekten ist. Darauf aufbauend finden die Sprints in Abständen von 1-4 Wochen statt (vgl. SIGEL GmbH (2021)). Ein täglicher Daily Scrum wird durch den Scrum Master abgehalten, um sich mit dem Team, über den aktuellen Stand, auszutauschen. „Am Ende des Sprints steht ein wieder nutzbares Produkt, dieses wird dem Kunden präsentiert, das Feedback eingeholt und das Team passt gegebenenfalls die Anforderungen an. Anschließend beginnt der nächste Sprint." (s. SIGEL GmbH (2021)).

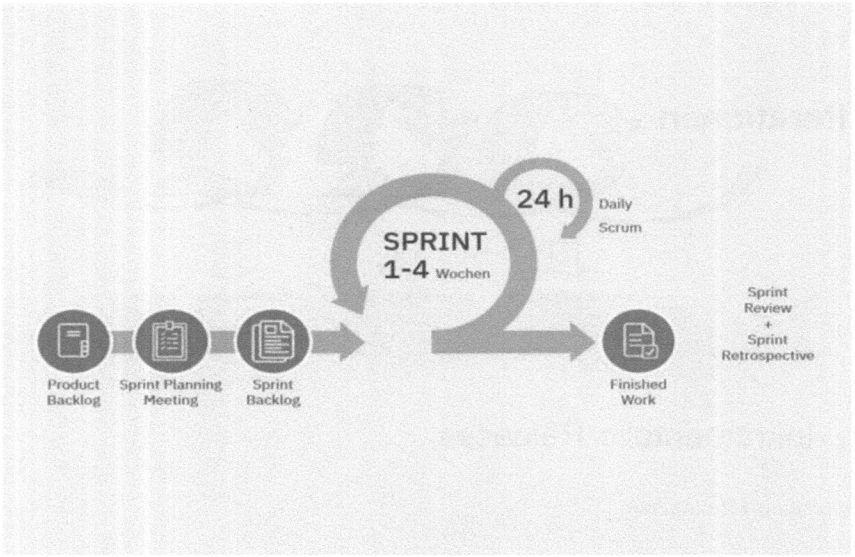

Abbildung 2 Ablauf Scrum

2.1.2 Validierungs- und Verifizierungsmodell: V-Modell

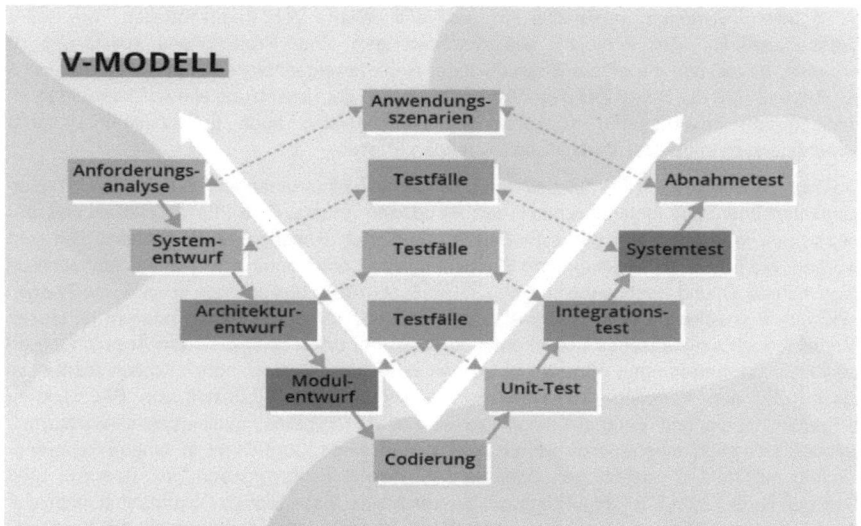

Abbildung 3 V-Modell

Ein anderes Beispiel, welches im Zusammenhang mit BI-Projekten genannt werden kann, ist das V-Modell. Dieses wird auch als Validierungs- und Verifizierungsmodell bezeichnet.

Dieses Modell ist für einerseits geeignet, um Softwarequalität effizienter zu kontrollieren inkl. der Minimierung der Projektrisiken. Andererseits ist dies ein recht kostenintensives und zeitaufwändiges Modell und in der Regel, zur raschen Umsetzung von Vorhaben im IT-Sektor, im Gegensatz zum Scrum, wesentlich weniger geeignet. Es werden hierbei alle Projekt-Phasen nacheinander durchgeführt, welche auch jeweils feste Tests beinhalten (vgl. Vorobeva, P. (2021).

In Abbildung 3 wird der Ablauf des V-Modells gezeigt. Auf der linken Seite des V wird die Aufnahme der Anforderungen beschrieben. Je weiter unten die Ebene links ist, desto detaillierter werden diese beschrieben. Ganz am unteren Ende des V findet dann die Beschreibung der Umsetzung der technischen Anforderung statt und somit die eigentliche Implementierung, also die Programmierung bzw. Produktentwicklung.

Und auf der rechten Seite des V wird dargestellt, wie die entwickelten Einzelfunktionen getestet und zu einem Gesamtsystem zusammengefasst werden (vgl. Arctic Project Lapland AB, (2021))

Das V-Modell ermöglicht nicht nur, die Sicherstellung der Softwarequalität und gestaltet diese effizienter, sondern es kann auch noch die Kommunikation zwischen den Beteiligten des Projektes verbessern durch seine Strukturen. Andererseits kann es aber auch für die Entwickler der Software zu simpel in der Beschreibung der Aufgaben sein und ist zu sehr auf das Projektmanagement fokussiert. (vgl. IONOS SE, (2020)). Es eignet sich generell eher für Projekte mit hohem Sicherheitsbedürfnis, bei dem Menschenleben oder die Sicherheit im Vordergrund stehen (beispielsweise im Klinikbereich oder Bahnverkehr).

2.1.3 Wasserfallmodell, ein klassisches Vorgehensmodell

In schwergewichtigen respektive in konventionellen Vorgehensmodellen wie dem Wasserfallmodell wird versucht, alle Anforderungen einer Projektphase vollständig zu erheben, bevor man die ersten Entwurfs- oder Realisierungsentscheidungen trifft (vgl. Pohl, K., Rupp, C. (2015), S.54). Ziel davon ist es, im Vorfeld der Umsetzung alle Anforderungen an das System zu ermitteln. Konventionelle Modelle sind auch gekennzeichnet durch hintereinander, in direkter Verbindung stehenden Phasen.

Das zu bearbeitende IT-Projekt wird in sequentiell hintereinander ablaufenden Phasen gegliedert und diese folgenden dabei dem Top-Down Ansatz. Eine Phase kann als beendet bezeichnet werden, wenn die zum Beginn definierten Phasenziele (Ergebnisse) erreicht wurden, wie durch die Erstellung und Einreichung von Dokumenten oder Fortschrittsberichten (vgl. Aichele, C. und Schönenberger, M. (2015), S. 98-100). Rücksprünge in vorherige Phasen sind nur in erweiterten Ansätzen des Wasserfallmodells möglich. Unteranderem ist dieses Modell jedoch ein statisches Vorgehensmodell, bei dem sich beispielsweise Änderungen an den Projektanforderungen oftmals nur schwer oder unter Einsatz hoher Kosten realisieren lassen. Zu den Vorteilen des Wasserfallmodells hinsichtlich speziell von BI-Projekten, schreiben Baars und Kemper „Beispielsweise ist ein rigideres, auditierbares (Wasserfall-)Modell sicherlich empfehlenswert für den Aufbau eines Core-DWH in einem Reporting-Umfeld mit strikten gesetzlichen oder vertraglichen Berichtsvorgaben." (s. Baars H. und Kemper, H.-G. (2021), S. 311). Hierdurch lässt sich einer gesetzlichen Dokumentationspflicht, ebenso wie der genauen Projektdokumentation und auch der Kostenüberprüfung durch den Kunden, nachkommen. In Abbildung 4 werden die einzelnen Phasen des Wasserfallmodells aufgezeigt und wie in einem Wasserfall absteigend, die einzelnen Schritte dargestellt.

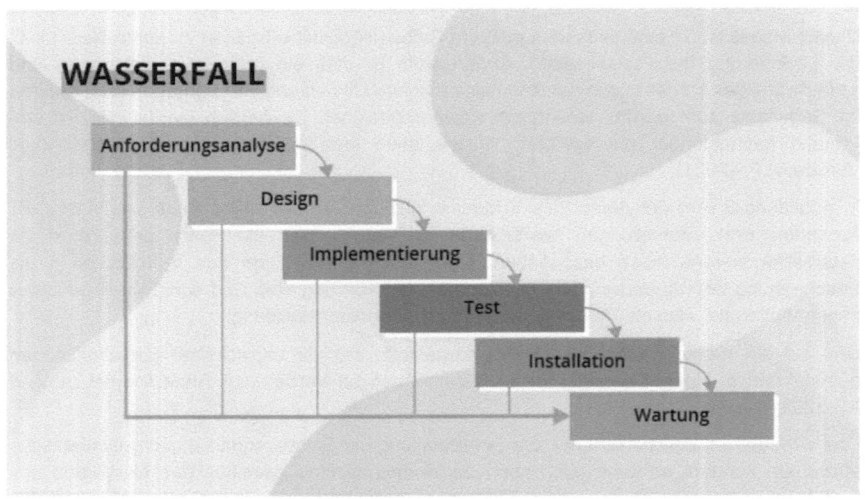

Abbildung 4 Wasserfallmodell

3   Besonderheiten von BI-Projekten im Kontext

IT-Projekte wie auch andere Arten von Projekten, hängen im Großen und Ganzen von der sorgfältigen Planung im Vorfeld ab. IT-Projekte weisen im Vergleich zu anderen Projekten beträchtliche Unterschiede dahingehend auf, auf die im Folgenden eingegangen werden soll.

3.1   Abgrenzung Business Intelligence Projekte

Business Intelligence Projekte weisen diverse Abweichungen zu herkömmlichen Projekten auf, wie z.B. BI-Anwendungen sind hochkomplexe Systeme, welche mit den bestehenden operativen Systemen verbunden sind und es daher einer engen Zusammenarbeit der einzelnen Fach- und IT-Abteilungen bedarf. Ebenso braucht es eine einheitliche Definition der Begrifflichkeiten und Metriken, die im Zusammenhang mit BI verwendet werden. Und das Anwenderverhalten zukunftsgerichtet vorherzusagen oder in einem Use Case zu erstellen, stellt eine grosse Herausforderung an die BI-Projektleitung dar (vgl. König, S. (2009), S.34). Anders als bei IT-Projekten, bei deren Umsetzung z.B. eine Softwareentwicklung oder die Implementierung einer Serverumgebung stehen, hat ein BI-Projekt das Ziel, Daten zu interpretieren, um mit der Basis der daraus resultierenden Erkenntnisse, das Management bei der Unternehmensführung zu unterstützen.

3.2   BI-Projekte: Besonderheiten und Möglichkeiten

Als erstes wären hier die verschiedenen Beteiligten der BI-Projekte zu nennen. Diese sind sehr vielfältig und gehen von der obersten Konzernleitung bis hin zu normalen Mitarbeitern. Nach Baars und Kemper „...liegt der Einsatzbereich von BIA-Anwendungssystemen auf allen Ebenen des Führungs- und Ausführungssystems einer Organisation." (s. Baars H. und Kemper, H.-G. (2021), S. 25). Und jeder dieser Anwender hat andere Bedürfnisse an das System, die sich in der Granularität der Abfrage der Daten zeigt.

Der Datenschutz ist ein weiterer Punkt, auf dem ein besonderes Augenmerk liegt. Die Vielzahl an verschiedenen Systemen und unterschiedlich sensiblen Daten, die zur Auswertung herangezogen werden, müssen durch ein BI-System vertraulich behandelt und auch sicher verwahrt sein. Hier können speziell Personal- oder Kundendaten als Gegenstand der Betrachtung herangezogen werden. Die Datenherausgabe kann diverse rechtliche Fragen aufwerfen (vgl. Baars H. und Kemper, H.-G. (2021), S. 305).

Die Sammlung der unterschiedlichen Daten kann hier auch noch als Besonderheit genannt werden. Die meisten BI-Systeme können fast alle bekannten Datenformate einlesen und in einem komplexen ETL-Prozess, diese für das BI-System extrahieren, transformieren und laden. Hierbei werden an speziellen operativen Anwendungsfeldern orientierte Daten in themenorientierte Daten überführt und so für den Benutzer des BI-Systems veranschaulicht. (vgl. Baars H. und Kemper, H.-G. (2021), S. 38).

3.3   Konventionelle Vorgehensmodelle der Business Intelligence

Die Durchführung der BI-Projekte ähnelt der reiner IT-Projekte und dort hat sich in den vergangenen Jahren der Trend hin zur agilen Vorgehensweise etabliert. Sei es nun Scrum oder Extreme Programming, die Möglichkeit, schnell auf Änderungen oder Fehler einzugehen, ist in vielen IT-Projekten erfolgsentscheidend. Dies auch noch in regelmäßigen Abständen und dazu noch im Vergleich zu statischen Vorgehensmodellen wie dem Wasserfallmodell relativ kostengünstig ändern zu können, ist auch für BI-Projekte ein großer Gewinn an Flexibilität und auch an Kostenersparnis. Gerade auch, wird bei agilen Vorgehensmodellen, speziell auf die Zusammenarbeit mit dem Kunden wert gelegt und ist wichtiger als Vertragsverhandlungen (vgl. Michl, T. et al. (2021), S.19). Diese Vorzüge hat ein konventionelles Vorgehensmodell bei weitem nicht, es ist mehr geeignet für Projekte, die eine klare Vorgehensstruktur haben und nicht zeitkritisch sind. Sie sollten jedoch in dem vorgebebenen Zeitrahmen durchgeführt werden, wie das Projektmanagement es vorgibt. Aber für Projekte, in den es um eine schnelle Bereitstellung erster Ergebnisse und flexibler Anpassung der Anforderungen geht, ist ein konventionelles Modell nicht die richtige Wahl.

4 Analyse und Eignungsprüfung von BI-Vorgehensmodellen

Der folgende Abschnitt beschäftigt sich mit der Analyse und der Eignung der unterschiedlichen Modelle, welches für das Unternehmen BioFood am effektivsten und effizientesten wäre, um ein BI-System einzuführen.

4.1 Inkrementelles und iteratives Vorgehensmodell

Laut der Internetseite https://www.scnsoft.de/blog/vorgehensmodelle-der-softwareentwicklung (s. Shiklo, B., (2019)) sind inkrementelle und iterative Vorgehensmodelle am geeignetsten für grosse Projekte, deren Entwicklung von geschäftskritischen Unternehmensanwendungen im Fokus steht. Die Kosten für ein iteratives Vorgehensmodell sind im Vergleich zu den konventionellen Modellen niedriger, bei gleichbleibender Projektausgangslage. Die Qualität und Fehleranfälligkeit sind hinsichtlich der konventionellen Modelle ebenfalls ein Pluspunkt für die agilen Vorgehensmodelle (vgl. Shiklo, B., (2019)).

Beispielsweise wären lose gekoppelte Komponenten wie Mikroservices oder Webdienste. Diese Unternehmensanwendungen können durch z.B. Scrum oder ein anderes agiles Vorgehensmodell realisiert werden. Hier würde immer wieder ein Stück funktionierende Software (Inkrement) als Ergebnis von Iterationen, in gewissen zeitlichen Abständen, entstehen (vgl. Tiemeyer, E., (2018), S. 78).

Im Besonderen sind hier die Optimierung der Prozesse des Unternehmens zu nennen, aber auch das Erreichen der Unternehmensziele. Durch die klaren Strukturvorgaben wie die Sprints in Scrum der inkrementellen Vorgehensmodelle, lassen sich auch die einzelnen Geschäftsbereiche, zeitnah durch die Iterationen an neue Gegebenheiten anpassen und dort der Geschäftsleitung, unterstützend beim Erreichen der Geschäftsziele beistehen. Ebenso hilft das Vorgehensmodell bei der qualitativ hochwertigen Durchführung der Projekte, da die Fehler während der Ausführung geringer sind als bei konventionellen Modellen, wie bereits weiter oben aufgeführt.

Für ein Unternehmen wie BioFood ein geeignetes Modell, da dort im Zuge von BI-Analysen zeitnah auf ein Ergebnis zurückgegriffen werden kann.

4.2 Validierungs- und Verifizierungsmodelle

Wie bereits an anderer Stelle erwähnt, eigenen sich Validierungs- und Verifizierungsmodelle wie das V-Modell zur Projektierung von Vorhaben, bei denen Störungen und Ausfallzeiten nicht akzeptabel sind. „Das V-Modell ist ein aktuelles, in der Praxis weit verbreitetes Vorgehenskonzept zur Entwicklung von Informationssystemen" schreiben Aichele und Schönberger (IT-Projektmanagement (2015), S. 105). Hierzu gehören wie auch schon erläutert der medizinische Sektor mit heiklen Patienten- oder Medizindaten, aber auch die Luftfahrt, bei der die Sensibilität des Projektes auf der Sicherheit der zu befördernden Menschen liegt, ähnlich wie im Bahnverkehr.

„Im Gegensatz zur Entwicklung von technischen Systemen, geht die Tendenz im Bereich der Informationssysteme dagegen in den letzten Jahren klar zu agilen Vorgehensweisen, und V-förmige Vorgehensmodelle verlieren hier an Bedeutung. Eine Ausnahme hiervon gilt bei öffentlichen Auftraggebern, da hier die Regeln des Vergaberechtes eine agile Vorgehensweise erschweren und teilweise ein Vorgehen gemäß V-Modell XT gefordert wird." (s. Kneuper, R., (2018)).

Für die BioFood Unternehmung ist dieses Modell zwar eine mögliche Variante, da auch im Lebensmittelbereich die Gesundheit der Menschen im Mittelpunkt steht und Lebensmittel verfallen und Schäden bei den Konsumierenden hinterlassen können. Es wäre die richtige Wahl, sofern das Unternehmen auf Risikominimierung und Effizienz der Softwarequalität fokussiert ist (vgl. Shiklo, B., (2019)). Aber da das Modell weitestgehend, wie oben beschrieben, nur noch von öffentliche Auftraggeber genutzt wird, hätte es, für die Biofood Unternehmung, wohl eher eine untergeordnete Verwendungsmöglichkeit als Vorgehensmodell für ihr BI-Projekt.

4.3 Wasserfallmodell

Das Wasserfallmodell wird auch als der klassische Ansatz zur Software- und Systementwicklung angesehen (vgl. Broy, M. und Kuhrmann, M., (2021), S. 93). Es ist gegliedert in aufeinanderfolgende Phasen, welche durchlaufen werden müssen und dann kann erst die nächste Phase zur Umsetzung herangezogen werden, zumindest im klassischen Wasserfallmodell ohne Erweiterungen. Die Ergebnisse der vorherigen Phase werden für die Weiterführung der nächsten Phase benötigt. Diese Modelle eignen sich für Projekte mit klarer Anforderungsstruktur und vorgegebenen Zielen.

Für ein BI-Projekt ein eher zu kostenintensives und starres Vorgehensmodell, welches für BioFood aus meiner Sicht nicht geeignet wäre, um rasch ändernde Voraussetzungen des Analysesystems unkompliziert und in regelmäßigen Abständen umzusetzen. IT-Projekte wie eine Datenbankumstellung auf einen anderen Anbieter, sind hierfür besser geeignete Projekte, da eine Datenbank vom Kunden meist im Vorfeld für ein spezielles Vorhaben benötigt wird und auch der Hersteller dieser Datenbank, klare Vorgaben für die Benutzung macht. Für BI-Projekte wäre es bei sich ändernden Bedingungen, wegen der grossen Datenmengen zum Beispiel, bei Kundenbeziehungen und daraus resultierenden raschen Änderungen im Projekt, doch eher die falsche Wahl. Im BI-Umfeld muss deshalb schnell auf Änderungen beim Projekt eingegangen werden können. Mit dem Wasserfallmodell wäre somit ein Ergebnis für BioFood, erst am Ende des Projektes ersichtlich und es wäre schwer, während des Projektes steuernd einzugreifen und Änderungen vorzunehmen (vgl. Tiemeyer, E. (2018), S.75). Wenn BioFood aber jedoch auf ein geordnetes Vorgehen und Struktur im Projekt wert legt und eine lange Zeitdauer des Projektes kein Minuspunkt wäre, könnte dieses Vorgehensmodell jedoch eine Option sein.

5 Auswahlkriterien entwickeln für BI-Projekte

Ausschlaggebend für das BI-Projekt von BioFood sind die entsprechenden Auswahlkriterien für das entsprechende Vorgehensmodell und diese werden in den anschließenden Punkten erörtert.

5.1 Auswahlkriterien allgemein

Bei der Auswahl des entsprechenden Vorgehensmodell für ein BI-Projekt, sollten folgende Punkte beachtet werden, welche zum erfolgreichen Gelingen des Projektes beitragen können.

BI-Projekte stellen aus verschieden Quellen Daten zusammen und vereinen die Daten in einer Datenbank, um diese zu optimieren für die entsprechenden Analysen, Berichte und Dashboards, die für den Kunden zur Verfügung stehen. Dazu können die Kriterien nach FASMI hinzugezogen werden.

FASMI steht für Fast Analysis of Shared Multidimensional Information und welche OLAP-Systeme nach den folgenden fünf Kriterien beschreiben. Fast bedeutet, dass Abfragen innert 5-20 Sekunden abgearbeitet werden sein sollen. Analysis heisst, dass das System mit verschiedenen Möglichkeiten beliebige Berechnungen ausführen kann. Shared gewährleistet, dass mehrere Benutzer gesteuert und gleichzeitig Zugang haben können. Multidimensional sagt aus, dass die gewählte Datenbankstruktur eine konzeptionelle multidimensionale Sicht zulässt und Information seht für die Skalierbarkeit der Anwendung mit relativ stabil bleibender Auswertungsantwortzeit (vgl. Baars, H. und Kemper, H.-G. (2021), S. 107).

Die FASMI-Kriterien können dem Projekt schon die richtige Richtung weisen, jedoch müssen die folgenden Punkte, zur Auswahl des richtigen Vorgehensmodell, vor Projektbeginn analysiert werden (die Auflistung erhebt keinen Anspruch auf Vollständigkeit, es ist eine Auswahl im Zuge der Fallstudie):

Umsetzbarkeit

Es sollte von Anfang an geklärt werden, in welchem Rahmen ein BI-Projekt umsetzbar ist. Welchen Zeithorizont hat das angedachte Projekt? Welche Meilensteine sind auf dem Weg zur Projektumsetzung zu setzen? Sind genug finanzielle und personelle Ressourcen geplant? Wie kann das Projektziel erreicht werden? Dies sind ebenfalls nur einige der Fragen, die sich die Projektleitung und der Auftraggeber im Allgemeinen vor dem Projekt und der Umsetzung stellen müssen. Diese Fragen tragen dazu bei, inwieweit ein agiles oder ein konventionelles Vorgehensmodell gewählt werden kann. Diese Entscheidung ist ebenfalls abhängig vom nächsten Punkt, der Finanzierung des Projektes.

Finanzierung

Bevor ein Projekt gestartet wird, hierbei spielt es keine Rolle, inwiefern es ein IT-Projekt oder ein Projekt in einem anderen Bereich eines Unternehmens ist, sollte die Finanzierung geklärt sein. Welchen finanziellen Spielraum hat ein Unternehmen und in welchem vorgegebenen

Rahmen, muss sich die Projektleitung und des Projektteam bewegen? Hierzu muss unter anderem der personelle Faktor miteinbezogen werden, ebenso wie der Zeithorizont, welcher sich auf die Finanzierung auswirken kann. Wieviel Spielraum bleiben dem Projekt, damit es als erfolgreich eingeschätzt werden kann? Welche Dauer und somit welcher finanzielle Rahmen, dürfen nicht überschritten werden? Diese offenen Punkte tragen ebenfalls zur Entscheidung bei, welches Vorgehensmodell für das Unternehmen das Geeignetste ist.

Ressourcenplanung

Bei der Ressourcenplanung müssen mehrere Aspekte bedacht werden.

Einerseits gibt es hier die personellen Ressourcen. Auf welche Art von Mitarbeitern kann ich zugreifen? Welche Qualifikationen haben sie? In welchen zeitlichen Umfang kann über die Mitarbeiter verfügt werden? Sind es Teilzeit-Projektmitarbeiter oder sind sie komplett für das Projekt abgestellt? Es müssen aber auch die Ausfallzeiten oder Urlaubs-/Fehltage der Mitarbeiter bedacht werden, die das Projekt ungewollt verlängern oder verzögern können.

Andererseits gibt es dann die Ressourcen, welche das Unternehmen, an IT-Infrastruktur und generell der betrieblichen Infrastruktur, bereitstellen kann und muss. Was bedarf es während des Projektes an Sach- oder Anlagenressourcen? Welche Ressourcen müssen im Vorfeld bereits vorhanden sein? Welche Ressourcen müssen extern zur Verfügung gestellt werden oder von Drittanbietern beschafft werden?

Auch hier gibt es im Zuge der Auswahl des Vorgehensmodell noch viele offene Fragen, die bisher genannten, stellen nur einen Auszug dar.

Zielerreichung des Projektes

Die Zielerreichung eines Projektes soll hier gezeigt werden anhand des „magischen Dreiecks" des Projektmanagements. In Abbildung 5 werden die 3 Teilziele Time, Cost und Quality aufgezeigt.

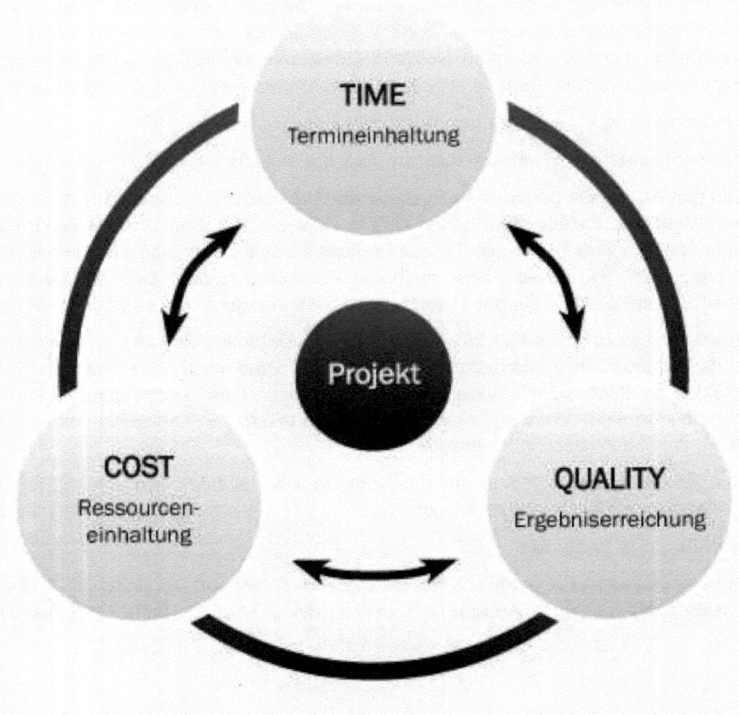

Abbildung 5 Die Teilziele: Time - Cost - Quality

Hierbei werden die Aspekte der Zeitziele betrachtet, die bereits angesprochen wurden, wie Meilensteine oder der zeitliche Rahmen. Die Kostenziele wurden ebenfalls bereits erläutert im Zuge der Finanzierung und die Qualität, welche im Projekt erwartet wird und nach Abschluss auch vorliegen sollte, rundet das magische Dreieck ab. Im Zuge eines Projektes ist genau das die Kunst, diese 3 Dimensionen zu vereinen und das Projekt erfolgreich abzuschließen (vgl. TRUECARE® GmbH PROJECT PERFORMANCE, (n.d)).

Unteranderem sollten BI-Projekte und deren BI-Systeme nach diesen Kriterien ausgewählt werden. Natürlich spielen auch noch weitere Faktoren eine wichtige Rolle, bei der richtigen Auswahl des BI-Projektes und des einzuführenden, zugehörigen BI-Systems, aber auf diese wird im Zuge dieser Fallstudie nicht weiter eingegangen.

5.2 Auswahlkriterien im Besonderen

Bei der Auswahl der BI-Systeme sollte im Besonderen auf die zugrundeliegende Architektur des vorliegenden Produktes geachtet werden. Hierbei sollte das Einsatzfeld des Systems mit dessen spezieller Eignung für das entsprechende Gebiet beachtet werden (vgl. Bauer, A. und Günzel, H. (2013), S. 480). Als weiterer wichtiger Punkt wären hier die Schnittstellen zu den unterschiedlichen Quellsystemen zu nennen und auch die Verbindungen, die zu den Auswertungswerkzeugen bestehen, welche an das Data-Warehouse angebunden werden kann.

Eine Auswahl eines geeigneten BI-Systems sollte sich aus den Anforderungen des Unternehmens ableiten und nicht die Anforderungen an das BI-System angepasst werden. Dies würde dem gewünschten Ergebnis des Unternehmens, durch zu einengende Vorgaben des BI-Tools, nicht den gewünschten Erfolg bescheren. Daher wäre ein Unternehmen gut beraten, in der Projektplanung für die Einführung eines BI-Systems, auch einen klar formulierten Auftrag, an das künftige System, zu haben. Ebenfalls wäre es auch ratsam, nicht nur auf die Big Player bei den BI-Tools zu setzen, sondern sich wirklich auf das, dem Unternehmen am besten geeignetste Tool, zu konzentrieren. Ebenso sollte es aber auch für die Verwendung benutzerfreundlich sein, damit auch nach Implementierung des Tools, durch den Anwender, entsprechende Ergebnisse für das Management, erarbeitet werden können (vgl. Haluschak, B., (2015)).

Nach Edgar F. Codd 1993 sollten auch noch beispielsweise die Datenbestandstransparenz, intuitive Datenbearbeitung, eine Client/Server-Architektur oder auch die flexible Berichtserstellung als Anforderungen an ein OLAP-System gefordert und auch von dem entsprechenden System, so zur Verfügung gestellt werden können (vgl. Codd's 12 Rules for an RDBMS).

5.3 Aufzeigen und Beurteilung der Ergebnisse der Auswahlkriterien

Die Auswahl des zum Erfolg führenden Projektes sollte anhand der vorhergehenden Ausführung getroffen werden. Hierbei wäre es ratsam, auch die Kriterien der Objektivität der Beurteilung der Werkzeuge miteinzubeziehen. Auch sollten hier die entsprechenden und relevanten Personengruppen in die Entscheidung mit einbezogen werden, für die Auswahl des richtigen BI-Systems. Ebenso relevant, sind die künftigen Anforderungen an ein BI-System während der System-Findung und müssten daher auch Beachtung finden. Die Nachvollziehbarkeit der Entscheidungsfindung und die frühzeitige Kostenkalkulation zur Wahrung der künftigen Kosten, sollten ebenfalls Bestandteil der Überlegungen der Einführung eines BI-Systems im Unternehmen sein (vgl. Bauer, A. und Günzel, H. (2013), S.467 ff.).

Für den Kunden BioFood wäre hier eine genaue Analyse der einzelnen Komponenten wichtig und sollte genau abgewogen werden, welches Projekt und welches System für die Business Intelligence Auswertungen am passendsten sind und den meisten Nutzen für die Geschäftsleitung und auch deren Kunden darstellen.

Als Vorgehensmodell für das BI-Projekt, wäre aus meiner Sicht, ein agiles Vorgehensmodell am prädestiniertesten, da hier die Belange der BioFood Unternehmung am besten umgesetzt werden können. Einerseits wären hier wieder die Kosten zu nennen, die nicht nur für ein mittelständisches Unternehmen, beim Gesamtumsatz mitentscheidend sind, um auch weiterhin wettbewerbsfähig zu bleiben, sondern auch anderseits, wie weiter oben ebenfalls schon erwähnt, wäre hier noch die Flexibilität während der Projektphasen genannt, in denen die Anforderungen schnell ändern können, bei der immer größer werdenden Datenmenge und agile Modelle, können diese Anforderungen in kurzen Zeitspannen einplanen und umsetzen. Während bei einem konventionellen Modell eine Änderung erst nach Abschluss des Projektes möglich ist.

Das Konzept des Data Mining wäre für den Kunden ein geeignetes Instrument, da hiermit die systematische Anwendung statistischer Methoden auf große Datenbestände mit dem Ziel, neue Querverbindungen und Trends zu erkennen, verstanden würde (vgl. Wikipedia (2022). Hier sollte im Mittelpunkt stehen, welche Ergebnisse der BI-Analyse am zielführrendsten für BioFood sind, da das Data Mining sowohl Zusammenhänge zwischen bestimmten Verkaufsmaßnahmen und tatsächlichen Verkäufen erkennen kann und auch Wünsche, Probleme und Bedürfnisse des Kunden leichter erkennen kann (vgl. Nilgen, C, (2021)). Demzufolge wäre hier meine Empfehlung für die BioFood Unternehmung, sich die Expertise des Data Minings zu nutzen zu machen.

6   Abschließende Betrachtung

Die Ausführung der vorliegenden Studienarbeit hat gezeigt, wie über die Ausführung des Themas der Fallstudie, zu den allgemeinen Grundlagen bis hin zu den speziellen Gegebenheiten von BI-Projekten ein Zusammenhang dargestellt wurde. Die Analyse und die Eignungsprüfung und letztendlich die Erläuterung der Auswahlkriterien haben zu einer Darstellung geführt, bei welcher die Analyse eines BI-Systems, für die Firma BioFood von Grund auf durchgeführt wurde und anschließend zur Entscheidungsfindung, hinsichtlich des effektivsten und effizientesten Modells für den Auftraggeber geführt hat.

Die Empfehlung eines agilen Vorgehensmodell und der Nutzung des Data Minings, geht aus der Überlegung hervor, dass dem Kunden bei Änderungswünschen an das BI-Tool, zeitnahe und kurzfristig verfügbare Anpassungen oder Korrekturen ermöglicht werden können. Aber auch der Zeithorizont des Projektes und die Kosten, spielen für ein mittelständisches Unternehmen, eine ausschlaggebende Rolle, die die Entscheidung für meine Empfehlung untermauern.

Mit der Durchführung dieser Fallstudie konnte gezeigt werden, welche Vorgehensmodelle für ein IT-Projekt, speziell aber in der Business Intelligence zur Verfügung stehen und welches Vorgehen am geeignetsten ist für eine Anforderung, wie sie BioFood an die Unternehmensberatung gestellt hat.

Die Überlegungen in dieser Arbeit sind nicht allumfänglich und im Rahmen der Arbeit entsprechend kurzgehalten, sie sind jedoch als Richtungsweiser für eine BI-Projekt-Analyse trag- und verwendbar und haben gezeigt, wie man an die gegebene Aufgabenstellung herangehen kann und diese umsetzt.

II.   Literaturverzeichnis

Agile Academy, 2021
Agiles Arbeiten – iterative und inkrementell
https://www.agile-academy.com/de/scrum-master/agiles-arbeiten-iterativ-und-inkrementell/
zuletzt aufgerufen am zuletzt aufgerufen am 07.06.2022

Aichele, C. und Schönenberger, M., 2015
IT-Projektmanagement
Effiziente Einführung in das Management von Projekten
Springer Vieweg

Arctic Project Lapland AB, 2021
Das V-Modell: Definition, Typen und Phasen
https://projekte-leicht-gemacht.de/blog/projektmanagement/klassisch/v-modell/
zuletzt aufgerufen am zuletzt aufgerufen am 07.06.2022

Baars H. und Kemper, H.-G., 2021
Business Intelligence & Analytics – Grundlagen und praktische Anwendungen
Ansätze der IT-basierten Entscheidungsunterstützung
4. Auflage
Springer Vieweg

Bauer, A. und Günzel, H., 2013
Data-Warehouse-Systeme: Architektur, Entwicklung, Anwendung
4. Auflage
dpunkt.verlag

Begerow Beratungsgesellschaft mbH & Co. KG, (n.d.)
Ziele von Business Intelligence
https://datenbanken-verstehen.de/business-intelligence/business-intelligence-grundlagen/business-intelligence-ziele/
zuletzt aufgerufen am zuletzt aufgerufen am 07.06.2022

Broy, M. und Kuhrmann, M., 2021
Einführung in die Softwaretechnik
1. Auflage
Springer Vieweg

Codd, E. F.,1993
Codd's 12 Rules for an RDBMS
https://link.springer.com/content/pdf/bbm%3A978-1-4302-0867-9%2F1.pdf
zuletzt aufgerufen am zuletzt aufgerufen am 07.06.2022

Haluschak, B., 2015
Mehr Erfolg durch Business Intelligence
7 Tipps zur Auswahl von BI-Lösungen
https://www.tecchannel.de/a/7-tipps-zur-auswahl-von-bi-loesungen,3280970
zuletzt aufgerufen am zuletzt aufgerufen am 07.06.2022

IONOS SE (Deutschland), 2020
Was ist das V-Modell?
https://www.ionos.de/digitalguide/websites/web-entwicklung/v-modell/
zuletzt aufgerufen am zuletzt aufgerufen am 07.06.2022

IU Internationale Hochschule, 2021

Studienscript Anforderungsmanagement
Kurs DLMIAM01
Versions Nr.: 002-2021-0901

König, S., 2009
Ein Wiki-basiertes Vorgehensmodell für Business Intelligence Projekte
http://ceur-ws.org/Vol-542/paper03.pdf
zuletzt aufgerufen am zuletzt aufgerufen am 07.06.2022

Kneuper, R., 2018
IUBH Discussion Papers – IT & Engineering – Vol.1/No.1 (2018)
Die geschichtliche Entwicklung des V-Modells
IU Internationale Hochschule

Michl, T. et al., 2021
Agile Verwaltung
Wie der Öffentliche Dienst aus der Gegenwart die Zukunft entwickeln kann
1. Auflage
Springer Gabler

Nilgen, C., 2021
Vor- und Nachteile von Data Mining
https://blog.hubspot.de/sales/data-mining
zuletzt aufgerufen am zuletzt aufgerufen am 07.06.2022

Pohl, K. und Rupp, C., 2015
Basiswissen Requirements Engineering
Aus- und Weiterbildung zum «Certified Professional für Requirements Engineering»
4. überarbeitete Auflage
dpunkt.verlag

Shiklo, B., 2019
8 Vorgehensmodelle der Softwareentwicklung: mit Grafiken erklärt
https://www.scnsoft.de/blog/vorgehensmodelle-der-softwareentwicklung
zuletzt aufgerufen am zuletzt aufgerufen am 07.06.2022

SIGEL GmbH, 2021
DIE AGILE ARBEITSMETHODE „SCRUM"
https://www.sigel-office.com/de/magazin/die-agile-arbeitsmethode-scrum/
zuletzt aufgerufen am zuletzt aufgerufen am 07.06.2022

Tiemeyer, E., 2018
Handbuch IT-Projektmanagement
Vorgehensmodelle, Managementinstrumente, Good Practices
3. Auflage
Carl Hanser Verlag München

TRUECARE® GmbH PROJECT PERFORMANCE, (n.d.)
Zieldefinition
https://www.projektmanagementhandbuch.de/handbuch/projektinitiierung/zield
efinition/
zuletzt aufgerufen am zuletzt aufgerufen am 07.06.2022

Vorobeva, P., 2021
Klassisches IT-Projektmanagement – sequentielle und evolutionäre Vorgehensmodelle

https://www.rewion.de/klassisches-it-projektmanagement/
zuletzt aufgerufen am 07.06.2022

Wikipedia, 2021

Data-Mining

https://de.wikipedia.org/wiki/Data-Mining

zuletzt aufgerufen am 07.06.2022

III. Abkürzungsverzeichnis

BI	= Business Intelligence
BIA	= Business Intelligence Analytics
CRM	= Customer relationship management
ETL	= Extract, Transform, Load
FASMI	= Fast Analysis of Shared Multidimensional Information
IT	= Informationstechnik
OLAP	= Online Analytical Processing

IV. Abbildungsverzeichnis